Saint Chad Gospels, folio 202r, circa 730

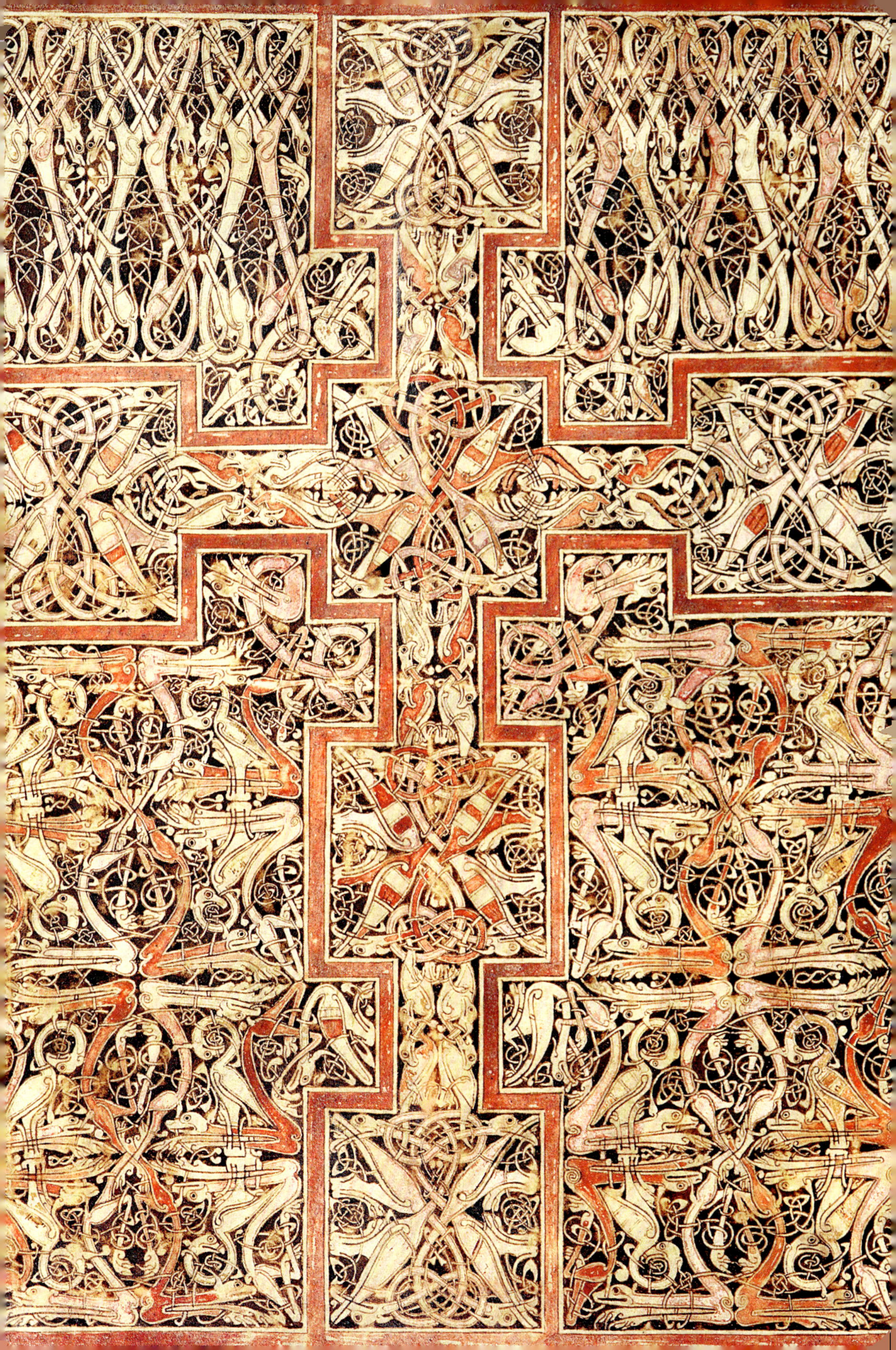

Kirkyard Cross Slab, Aberlemno, Scotland, late 8th century

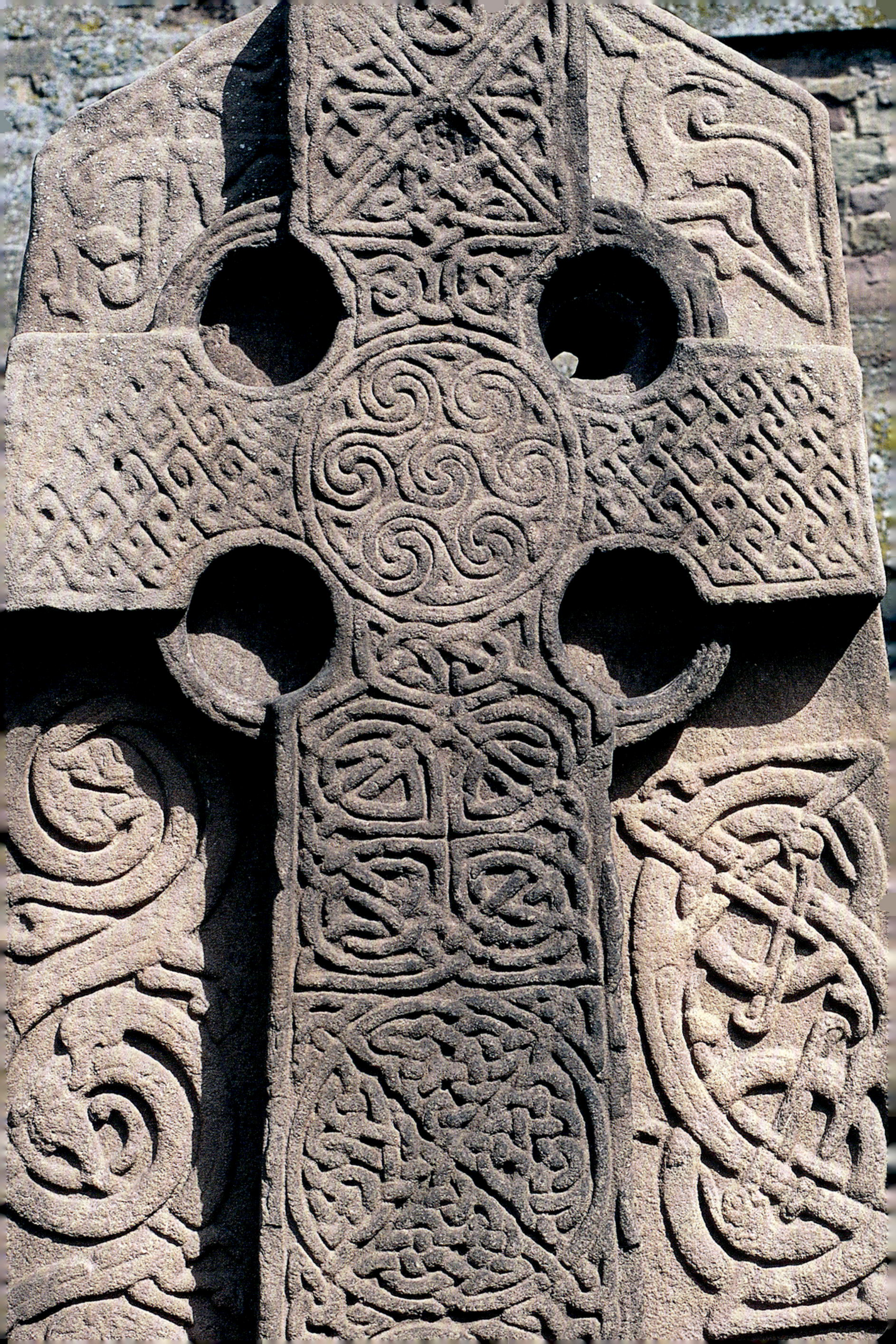

Lindisfarne Gospels, folio 29r, circa 700

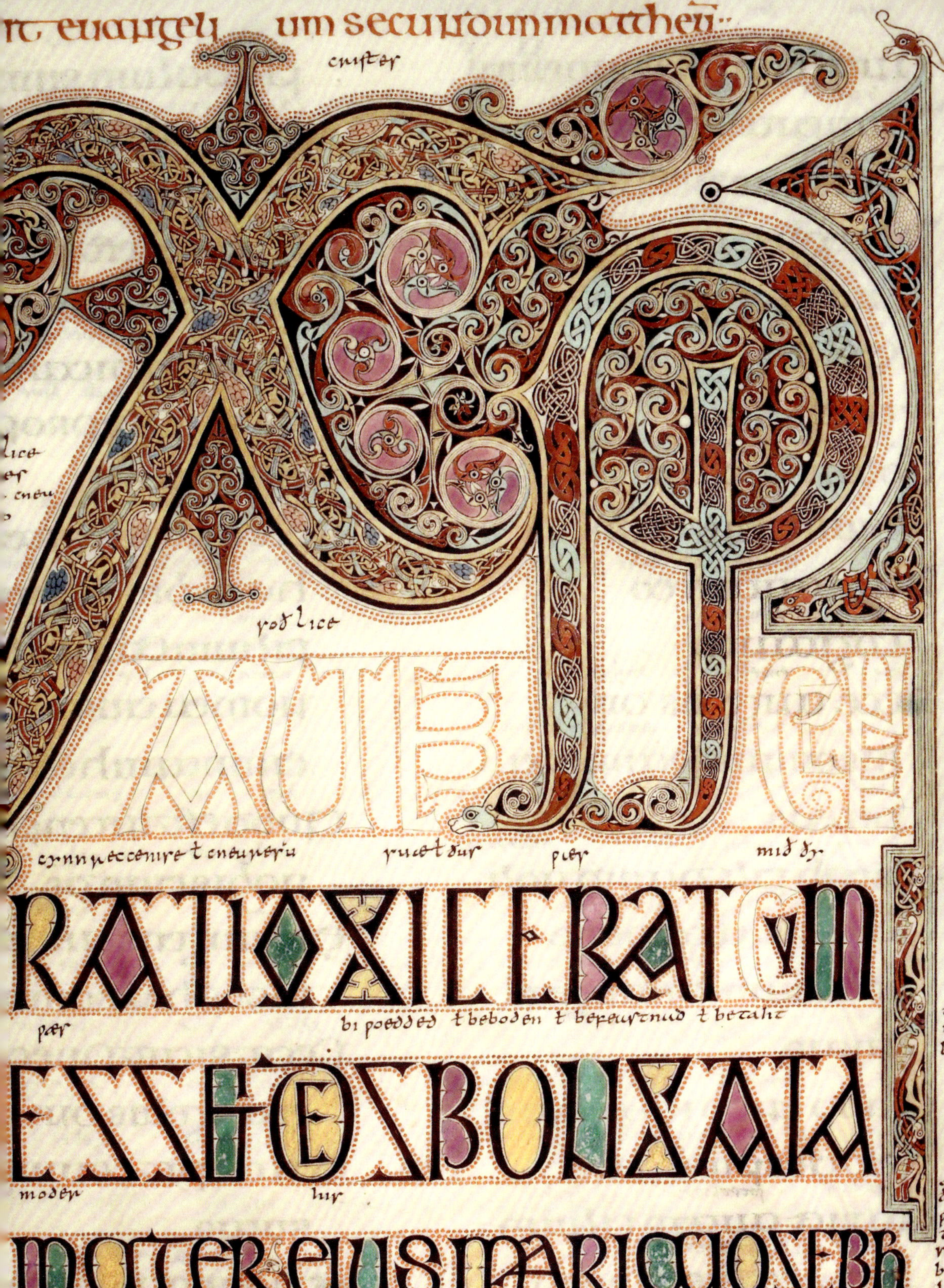
XPI
AUTEM
GENERATIO CUM
ESSET DESPONSATA
MATER EIUS MARIA IOSEPH

Shrine of Saint Patrick's Bell, circa 1100

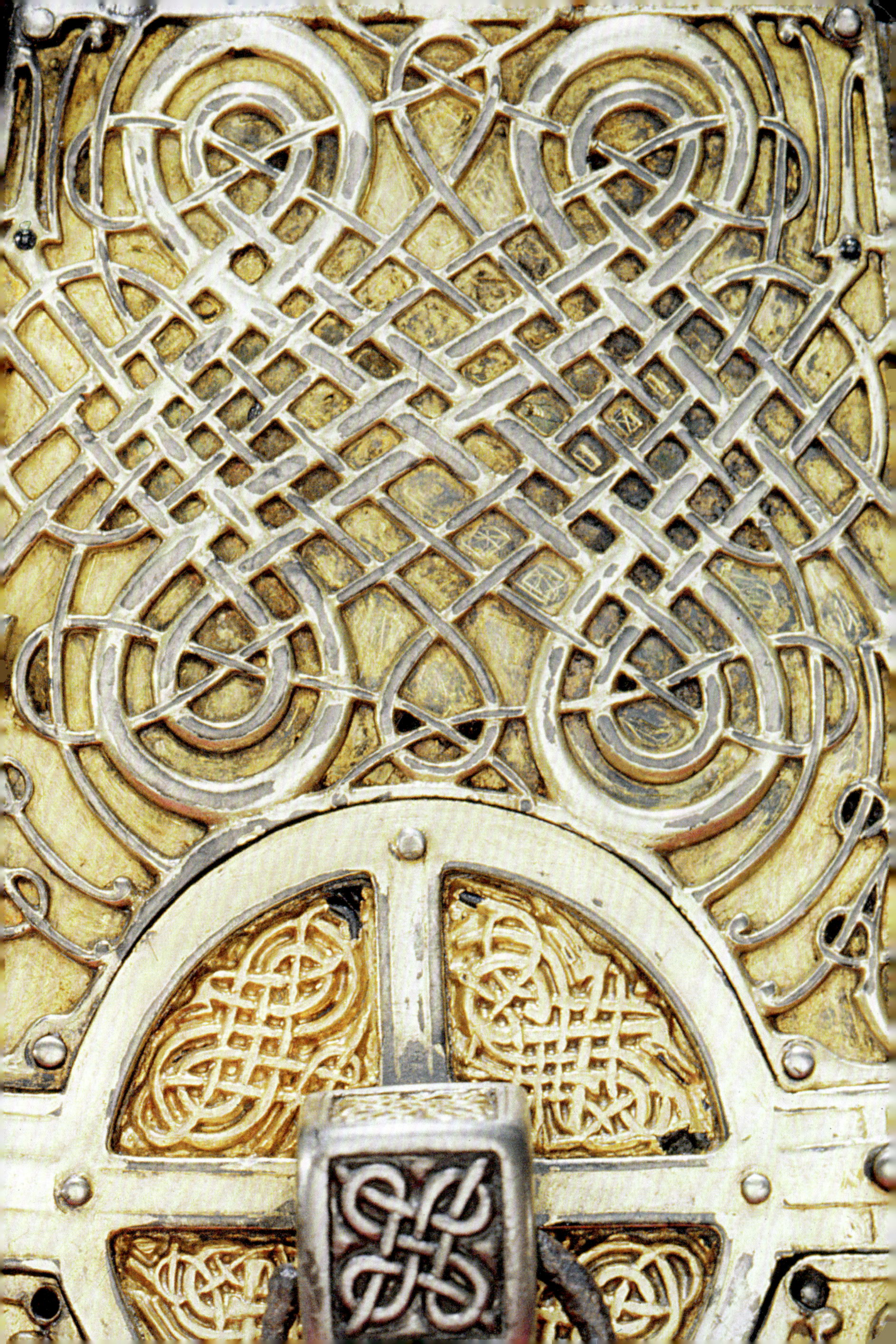